PÉTITION

A LA

CHAMBRE DES DÉPUTÉS,

RELATIVE

1° **A** la répression des abus auxquels donnent lieu les sociétés en commandite;

2° **Au** mode de concession à adopter pour l'établissement des chemins de fer ;

3° **A** la réduction de la dette cinq pour cent ;

DÉPOSÉE SUR LE BUREAU DE M. LE PRÉSIDENT

PAR M. MERLIN (DE L'AVEYRON).

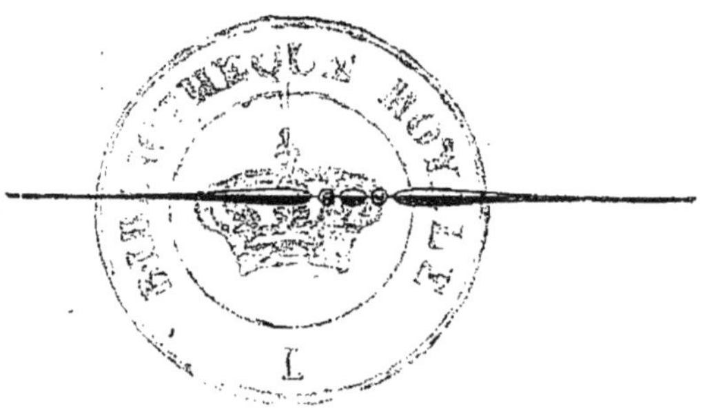

PARIS,

IMPRIMERIE DE GUIRAUDET ET CH. JOUAUST,

RUE SAINT-HONORÉ, 315.

1838.

Messieurs les Députés,

Parmi les questions actuellement à l'ordre du jour il en est trois surtout qui méritent par leur importance de fixer toute votre attention. La première est celle-ci : Quels moyens convient-il d'employer pour mettre un terme aux scandales de tous genres qui signalent depuis quelque temps les relations établies entre l'industrie et les bailleurs de fonds appelés à seconder ses opérations? La seconde est celle de savoir si l'établissement des nouvelles lignes de communication doit être concédé de préférence au gouvernement ou à des entreprises particulières. La dernière est relative à la réduction de la rente cinq pour cent réclamée de toutes parts avec un ensemble trop imposant pour qu'on n'essaie pas de satisfaire à ce vœu général.

De longues méditations me portant à croire qu'entre ces trois objets des préoccupations publiques il existe une corrélation naturelle qui permet de les envisager de front et oblige même de les traiter l'une par l'autre, je pense faire l'œuvre d'un bon citoyen en vous exposant à ce sujet le résultat de mes recherches.

SOCIÉTÉS EN COMMANDITE.

Il est impossible de ne pas reconnaître que le développement de la prospérité générale par l'industrie serait chose toute simple si l'on parvenait à enlever aux inhabiles et aux intrigants la possibilité de discréditer le principe si fécond de l'association en abusant, comme ils le font journellement, de la crédulité et de l'ignorance de la multitude, parce qu'alors une juste défiance mutuelle ne fermerait plus toutes les bourses aux bonnes comme aux mauvaises entreprises indistinctement. La législature nouvelle doit donc tendre à garantir directement les capitalistes contre la mauvaise foi, la fraude ou l'inexpérience de ceux qui les exploitent.

Peut-être atteindrait-elle ce but en soumettant, à l'avenir, toutes les sociétés en commandite à l'autorisation préalable, ainsi qu'on en a conçu l'idée. Mais, Messieurs, quoique je sois porté personnellement à trop bien penser de la sagesse du gouvernement pour lui supposer en aucune circonstance des intentions hostiles à la propagation du bien-être, cette autorité suprême sur les destinées industrielles m'apparaît comme un pouvoir dangereux à exercer : car tous les faiseurs de dupes, atteints par le veto royal, ne manqueraient pas de crier chaque fois à l'arbitraire, et tôt ou tard ils finiraient par trouver de l'écho dans le peuple.

Dans l'intérêt de l'ordre et de la tranquillité, il faut écarter, je le crois, jusqu'au prétexte d'une pareille accusation, et adopter plutôt toute autre mesure qui joindrait à l'avantage de ne gêner aucunement la liberté celui de détourner à coup sûr la confiance publique des exploitations stériles ou funestes, et par là de rendre d'innombrables capitaux à leur emploi naturel, qui est de vivifier le commerce, l'agriculture et l'industrie.

Mais évidemment il y a parmi nos institutions une lacune considérable qu'il est nécessaire de combler pour avoir le moyen de favoriser ce vaste essor du crédit général. C'est du moins ce qui ressort clairement aux yeux de celui qui étudie un peu les causes du mal auquel il s'agit de porter remède. Aujourd'hui, en effet, à moins d'un esprit transcendant et d'une perspicacité peu commune, celui qui veut confier ses revenus à des opérations industrielles est exposé, dans son isolement fâcheux, à être trompé ou à s'abuser lui-même grossièrement dans l'option qu'il est obligé de faire parmi toutes celles qui s'offrent à lui. Or ceci indique déjà, messieurs les Députés, qu'il serait à propos de suppléer d'abord à ce défaut d'expérience et de connaissances universelles par la formation d'un immense comité de consultation réunissant dans son sein des hommes supérieurs, choisis dans toutes les spécialités, dans toutes les professions et dans toutes les classes de la société. A cette assemblée de notables qui se tiendrait à Paris devraient converger, par le secours de la correspondance, toutes les lumières excentriques, tant de la France que de l'étranger. Tous les membres de ce comité auraient droit à une allocation annuelle proportionnée au nombre de fois que les uns ou les autres seraient convoqués et à l'importance des affaires soumises à leurs délibérations. L'objet de leurs travaux serait de reconnaître la solidité et les avantages de toutes les entreprises en activité ou prêtes à s'établir, de discerner celles qui ont le plus besoin d'être fécondées, de balancer l'importance relative de ces besoins, de déterminer l'époque et le chiffre précis des crédits et suppléments de crédit à leur accorder, et enfin de dévoiler toutes les folles tentatives indignes de la moindre protection. Ainsi désormais, par cet intermédiaire habile à juger, le choix de l'usage des capitaux se trouverait constamment fait avec maturité, et presque toujours avec bonheur.

Cependant, malgré toutes les probabilités contraires, une foule de causes imprévues pouvant déjouer les calculs des personnes les plus capables et les plus compétentes, on verrait encore de temps à autre quelques fortunes compromises, et ce serait assez de ce léger risque pour maintenir certains capitalistes étrangers à toutes productions; pour augmenter, par suite, les chances de perte et de ruine pour les autres; et peut-être pour déconsidérer tout à fait dans l'opinion publique les consciencieux avis de cet imposant comité. La garantie morale de ses décisions aurait donc besoin d'être fortifiée à l'aide d'une garantie matérielle; et on leur donnerait cette sanction positive en fondant, sous les auspices du gouvernement, une société, gérée par des mandataires, qui aurait pour but d'assurer tous les placements de fonds faits conformément aux vues de ce comité, et sur laquelle planerait ainsi la responsabilité du petit nombre d'erreurs qu'il commettrait. Tout le monde aurait alors la faculté de spéculer sans crainte sur les profits considérables de l'industrie; les capitaux se présenteraient avec abondance à ce centre d'action pour être dirigés ensuite avec discernement sur tous les points où la nécessité s'en ferait sentir; et toutes les fortunes partielles s'accroîtraient infailliblement en concourant de la sorte à l'exécution des utiles travaux qui sont la source des richesses.

Mais cet admirable résultat ne pouvant être convoité au détriment de ces nouveaux sociétaires, j'ai à vous faire comprendre comment ils se trouveraient à l'abri de tous revers, tout en étant garants réels de l'emploi des sommes placées sous leur caution !

Naturellement le contrepoids de cette responsabilité devrait être fourni par tous ceux qui feraient usage de cette institution et en retireraient d'immenses avantages. Aucune contribution ne serait plus équitable.

Les propriétaires de capitaux assurés paieraient donc, d'un côté, la sécurité complète dont la compagnie les ferait jouir. A cet effet, on stipulerait à leur charge une légère indemnité, composée d'une prime et d'une commission annuelles, déterminées, savoir : la prime en raison de la somme totale assurée, et la commission en proportion des bénéfices non assurés. Et puis, lorsque certains bénéfices devraient être garantis, ils ne le seraient jamais qu'à forfait et de manière à donner toujours un excédant au profit des garants.

D'un autre côté, on exigerait annuellement des emprunteurs, et pendant un laps de temps réglé à l'amiable, une commission minime qui constituerait une seconde ressource pour faire face aux sinistres, en cas d'événements désastreux. Mais, afin de ne pas prélever sur eux un impôt usuraire qui ne serait pas justifié par un service autre que le prêt en lui-même, on leur laisserait la commodité de se libérer petit à petit, au moyen d'une certaine quantité d'annuités, calculées pour amortir durant le même nombre d'années leurs dettes ou commandites en principal et intérêts.

L'agglomération de ces versements annuels procurerait à la société des épargnes suffisantes tant pour le service des intérêts, qui serait mis à sa charge, que pour les remboursements de capitaux qu'elle aurait à effectuer dans le cours de chaque année.

Que s'il survenait alors quelques faillites de débiteurs avant le paiement de toutes leurs annuités, le montant des pertes ne pourrait jamais être de la totalité des sommes assurées, et plus il y aurait de temps écoulé depuis le commencement de l'amortissement, moins les sinistres seraient considérables; sans compter que, pour en diminuer d'autant la quotité, la compagnie exigerait généralement de tous ceux qu'elle obligerait quelques garanties particulières dont elle aurait droit de disposer jusqu'à concurrence de ses pertes.

Bien plus : il est constant que la population entière produit plus qu'elle ne consomme, amasse plus qu'elle ne dépense, et va toujours s'enrichissant davantage. En prenant donc, sous forme de rétribution, cet intérêt indirect, si faible qu'il serait, dans les profits de toutes les entreprises imaginables, à l'exception de quelques unes jugées dangereuses, cette belle institution de crédit verrait certainement le nombre de ses engagements malheureux tellement surpassé par celui de ses opérations prospères que l'accumulation de ses primes, de ses commissions et de ses autres revenus de toute nature, produirait, même en dehors de l'amortissement, des bénéfices infiniment supérieurs au montant de ses pertes présumables. Que serait-ce donc avec cet auxiliaire puissant des annuités ?

Quoi qu'il en soit, il n'en serait pas moins essentiel de constituer, à tout événement, et pour l'entière tranquillité des propriétaires de capitaux assurés et pour celle des payeurs d'annuités, un fonds social ou de garantie auquel on donnerait un emploi sûr et productif en le convertissant en rentes sur l'état ou autres effets publics, afin de l'avoir là, toujours disponible d'un instant à l'autre, pour répondre au besoin de toutes les obligations de la société. Mais comme, en général, elle n'ouvrirait de crédit que sur les deniers d'autrui, et non sur les siens propres, il suffirait assurément de proportionner le chiffre de son capital au montant des garanties probables.

En prenant pour exemple le rapport très modéré de 1 à 5, c'est-à-dire en portant ce fonds au cinquième des assurances et en choisissant d'ailleurs toutes les données les plus défavorables, ce qu'il est facile de vérifier, on trouve que cette compagnie aurait une moyenne de bénéfices annuels d'au moins douze pour cent (intérêts compris), laquelle serait encore susceptible d'accroissement.

D'après tant de gages différents de sécurité complète, l'échange des capitaux contre la caution de cet établissement ne présenterait ni inconvénient ni danger, et le titre qui ferait foi de ces avances et de cette garantie, autrement dit, la police d'assurance, serait même, aux mains du capitaliste, un véritable papier-monnaie, dont la transmission, aussi aisée que celle d'une pièce d'argent, lui donnerait toujours la faculté de rentrer dans ses fonds à volonté.

Messieurs les Députés, je vous laisse maintenant à envisager tous les heureux effets de cette institution philanthropique, car l'énumération en serait trop longue. Mais considérez, avant tout, qu'en attirant à elle, sur la foi de son infaillible responsabilité, tous les capitaux non engagés, et en ne les dispensant ensuite qu'aux entreprises utiles et aux hommes honorables, à l'exclusion de tous autres, elle aurait pour principale conséquence la ruine et l'anéantissement de toutes les fausses industries, sans faire emploi de mesures préventives, et par cela seul qu'elle les abandonnerait à elles-mêmes; ce qui serait, à mon avis, une assez bonne solution du problème que les circonstances sociales ont posé.

CHEMINS DE FER.

Remarquez ensuite qu'à la faveur de ce vaste système d'assurance, vous pourriez résoudre en même temps, et d'une manière satisfaisante, toutes les difficultés soulevées à l'occasion des nouvelles lignes de communication. En effet, rien n'empêcherait plus désormais de les concéder toutes à des entreprises particulières, parce qu'alors les capitaux essentiels à leur confection se livreraient d'eux-mêmes et ne feraient défaut en aucuns cas; parce que l'initiative des nouveaux chemins à construire et des prolongements à exécuter appartiendrait à tout le monde et au gouvernement tout le premier; parce qu'on pourrait en poursuivre les travaux sous la surveillance mixte des compagnies concessionnaires, de la compagnie de garantie et de l'autorité, et parce que enfin l'État serait libre d'y prendre en tout temps tel intérêt pécuniaire, telle part de propriété qu'il lui conviendrait de s'y ménager.

CONVERSION DE LA RENTE.

Je me dispense de plus grands développements à ce sujet, pour aborder de suite une autre question, celle de la réduction de la rente, qui peut se rattacher à la fondation de la précédente société par un lien naturel qui va devenir sensible.

Si j'ai réussi à faire comprendre toute ma pensée sur la mission importante de cette institution, vous devez être convaincus, Messieurs, qu'il n'est personne auquel elle ne deviendrait utile d'une ou d'autre manière, puisqu'elle serait appelée à favoriser tous les perfectionnements, en communiquant une vie nouvelle à toutes les branches du mouvement social. On ne saurait donc prévoir à quelle limite précise s'arrêterait le chiffre de ses opérations ; mais, selon toute apparence, il n'y a pas d'exagération à le supposer d'un milliard et demi, lorsqu'elle aurait fonctionné pendant dix ans. Je ne le porte toutefois qu'à un milliard deux cents millions.

Pour répondre d'un milliard deux cent millions, il faudrait à peu près un capital de garantie de 240 millions, fonds énorme qu'il serait peut-être impossible de réunir par les voies ordinaires, tandis que sa formation se combinerait parfaitement avec la mesure de la conversion, et donnerait le moyen d'y concilier tous les intérêts quelconques.

On devrait en premier lieu annuler les inscriptions de rente cinq pour cent, rachetées par la caisse d'amortissement ; il ne resterait, par suite, sur les 140 millions inscrits au grand-livre, que 120 millions de francs environ.

Puis, à dater du 22 mars prochain, et en vertu du droit qu'a l'Etat de diminuer l'intérêt de sa dette, en offrant à ses créanciers le choix du remboursement au pair, la rente cinq pour cent serait réduite à quatre pour cent, ou bien à 96 millions de francs sur 120.

Cependant les 24 millions de francs environ résultant annuellement de cette opération seraient encore payés par les contribuables pendant dix années, et serviraient à composer progressivement le capital de garantie en question. Les 240 millions de francs ainsi réunis étant alors représentés par 12 millions d'actions de la compagnie de 20 francs chaque, on dédommagerait les rentiers en leur attribuant ces actions, à raison d'une par chaque inscription de rente de 10 fr. réduite à 8 fr.

Or, puisque les bénéfices annuels de la compagnie devraient être en moyenne de douze pour cent environ, par rapport à son fonds social, chaque action rapporterait 2 fr. au moins, c'est-à-dire une somme au moins égale au montant de la réduction, et les 12 millions d'actions produiraient 24 millions de francs.

Le sort des rentiers ne se trouverait donc pas changé, car de cette manière ils toucheraient encore cinq pour cent ou 10 fr. pour 200 fr. de principal, savoir : 8 fr. de la rente réduite, plus 2 fr. de bénéfice comme actionnaires.

On pourra objecter contre ce mode que, la constitution du capital de garantie n'ayant lieu que par dixième chaque année, les rentiers auraient à supporter immédiatement et jusqu'à son entière formation les cruels effets de la conversion, et que d'un autre côté pourtant il ne dégrèverait l'Etat qu'après le même laps de temps.

En ce qui concerne les rentiers, vous observerez qu'afin d'accélérer la composition de ce capital, à l'aide duquel leur revenu remonterait jusqu'à cinq pour cent, on pourrait y affecter le fonds de dotation de la caisse d'amortissement, destiné au rachat du cinq pour cent consolidés.

Et sans recourir, d'ailleurs, à cet expédient, qu'y aurait-il donc de si terrible dans une réduction effectuée avec tant de ménagements? Certes, le cours des actions délivrées à titre de compensation s'élèverait rapidement eu égard à l'importance croissante de la compagnie de garantie : les petits rentiers, que la diminution d'intérêts atteindrait trop précipitamment, auraient donc la faculté de se défaire de ces actions avec avantage, et alors d'en appliquer le prix à reconstituer, pendant dix années et plus, le cinquième de leurs revenus; ou même, sans entamer ce produit, à en faire un placement industriel assez sûr et productif pour leur tenir lieu de la portion de rente retranchée, ce qui leur serait facile par l'intermédiaire de l'institution projetée.

Ils seraient libres pareillement de se faire rembourser le principal de leurs rentes, et, l'inconvénient dont on excipe aujourd'hui, le danger dans l'emploi des capitaux, n'existant plus, grâce à la compagnie de garantie, ils pourraient en toute confiance mettre les sommes qu'ils réaliseraient à la disposition de l'industrie, et, sans courir le moindre risque, ils prendraient part ainsi à ses brillants bénéfices.

Ce serait là, j'en conviens, une séduction attachée à l'idée du remboursement; mais il n'en faut pas conclure que le gouvernement aurait un nombre plus considérable de demandes de cette nature à satisfaire. Loin de là, ce projet bien compris porterait la plupart des rentiers à demeurer sous le coup de cette conversion exceptionnelle, en se réservant l'avenir. Et de fait, ils auraient ostensiblement moins d'intérêt à se faire rembourser qu'à accepter la réduction provisoirement, sauf à vendre quelque temps après. En voici la preuve irrécusable :

Le propriétaire d'une rente cinq pour cent de 2,000 fr., par exemple, recevrait lors de la conversion 200 actions de 20 fr. chaque.

En opérant donc plus tard le transfert de ses titres, il réaliserait au moins 40,000 fr. du principal de sa rente;

Et 4,000 fr. du capital de ses actions, ce
qui équivaut au dixième du
principal de la rente.

44,000 fr. en totalité.

En se présentant au contraire au remboursement, il ne recevrait que 40,000 fr.

En convertissant, on augmenterait donc son capital au moins d'un dixième : d'où il suit que le rentier qui aurait acheté au cours de 109 fr. 50 c. aurait encore intérêt à ne pas exiger son remboursement, puisqu'il serait maître en-suite de recouvrer 110 fr.

La réduction accomplie d'après ce plan ne jetterait par conséquent aucune perturbation dans la classe des petits rentiers, et d'autant moins qu'ils profiteraient comme tout le monde des résultats ordinaires d'une production devenue plus abondante.

Sous un autre point de vue, vous reconnaîtrez que, si l'on affectait, comme il serait naturel de le faire, le fonds d'a-mortissement du cinq à la plus prompte formation du ca-pital de la compagnie de garantie, les 24 millions de francs environ de réduction de la rente seraient retranchés bien avant dix ans du chiffre total de l'impôt. Et au surplus, quand ce ne serait point, qu'importerait? Une nation n'é-conomise-t-elle pas réellement lorsqu'elle consacre à une création d'utilité générale ce qu'elle déboursait auparavant en pure perte pour elle. L'Etat gagnerait donc sur-le-champ à cette combinaison, puisqu'elle seconderait merveilleuse-ment le développement de sa richesse, par une meilleure direction donnée aux richesses individuelles.

Je ne veux pas terminer sans vous faire pressentir un dernier avantage que l'on pourrait en outre réserver au pays. Une fois le capital de garantie nécessaire intégrale-ment constitué, il suffirait de dix pour cent de bénéfice pour rétablir le cinquième supprimé ; en attribuant alors le sur-plus à l'Etat, on lui composerait par là une ressource pour amortir par la suite ce même capital de garantie, en en ra-chetant les actions représentatives ; et il arriverait ainsi un jour où il deviendrait seul propriétaire et maître de cette institution privilégiée dont les revenus viendraient tous en déduction de ses charges.

Quelques explications de détail et d'application vous seront encore nécessaires pour apprécier complétement cette combinaison que je propose à vos délibérations ; mais elles ne peuvent trouver place dans cet exposé, et je m'arrête ici avec l'espoir d'en avoir dit assez pour vous convaincre, s'il est vrai, comme plusieurs personnes l'ont jugé, que mon idée complexe renferme des germes nombreux de nouveaux bienfaits qui ne pourraient qu'ajouter à la félicité actuelle de la France.

Daignez agréer l'assurance des sentiments de haute considération de celui qui a l'honneur d'être,

Messieurs les Députés,

Votre très humble et très obéissant serviteur,

RISCHMANN,

8, rue d'Alger.

Paris, ce 25 décembre 1837.

www.ingramcontent.com/pod-product-compliance
Lightning Source LLC
Chambersburg PA
CBHW050751070726
47597CB00009B/4162